AF201087

Marion Jana Goeritz

Willkommen im Leben

Gedichte

Bibliografische Information der Deutschen Nationalbibliothek:

Die Deutsche Nationalbibliothek verzeichnet diese Publikation in der Deutschen Nationalbibliografie; detaillierte bibliografische Daten sind im Internet über http://dnb.dnb.de abrufbar.

Herstellung und Verlag: BoD – Books on Demand, Norderstedt

ISBN: 978-3-7519-3394-0

Herzlich Willkommen

liebe Leser,

dieses Leben schenkt uns
keine Probe. Wir werden hin-
eingeboren und sollten zu uns
selbst finden, möchten wir
glücklich und erfüllter leben.
Doch ich glaube, das hat mit
Wollen weniger zu tun, die
Seele, sie führt uns auf un-
seren Weg. Das bedeutet
Wachstum, und kann man-
chen Schmerz auslösen, der

jedoch geheilt werden kann, durch gesunde Selbstliebe und Selbstachtung.

Herzlichst

Marion Jana Goeritz

Es war ein Regentag
im August,
die Sonne brannte Schatten
unter weiße Haut.
Wie Marionetten
auf einer Bühne,
als wären sie alleine,
saßen sie vor den Türen,
die zum Spiel bunt bemalt.
Regen fiel ins Paradies,
doch sie erkannten
sich danach.
Zuvor gestrandet
in einem Netz,
das Schicksal sprach.

Doch wer fühlte,
was er sprach?
Die große Bühne
war nun besetzt,
mit zwei neuen
Puppenspielern.
Und
als die erste Puppe fehlte,
weinte die zweite bitterlich,
und als die erste
sich doch sehnte,
verschwand
die zweite aus dem Licht.
Dann fiel ein Regen
auf die Bühne,
doch das Spiel

war nicht vorbei.
Die Puppen
suchten sich nun wieder und
so ging es immer weiter,
bis die zweite Puppe fühlte,
das Spiel ist aus,
das Licht bleibt an.

Wenn
gemeinsame Träume plagen,
weil sie unerfüllt,
kann loslassen schon genügen.
So kommt jeder
in seine Welt,
womöglich sogar im Fliegen.

Sie saugen alles Leben
in sich auf,
beginnen deshalb
immer wieder von vorn.
Streifen sich oft
andere Kleider über
und sind sie auch
unzuverlässig,
sich selbst
bleiben sie wohl treu?
Finden ohne Halt
keine Balance,
ohne Ring keine echte Liebe,
doch

spricht man sie
darauf an,
fühlen sie wohl
die Lüge,
"Sie sind so gern allein."

Worte können Lieder sein,
ein Wort nur, schon genügt,
es lässt so manches
vergessen sein,
und so manches
darf neu entstehen.

Eine Meinung zu haben,
ist wichtig·
Sie zu vertreten ist Gebot·-
Mit anders Denkenden
zu diskutieren,
so lernt man vielleicht dazu-
·Abwenden,
manchmal unabdingbar,
dann wohl,
wenn es zu sehr schmerzt,
weil gute Gründe
erst noch wachsen müssen,
um Liebe zu akzeptieren·

Aus dem Halbschlaf
zu agieren,
was kann schon geschehen?
Fehler,
die schwerer
zu korrigieren wären?

An manchem Tag, Stille.
An manchem Tag
so laut gestellt,
sie liefen gegen Wände.
Doch der Nebel,
in denen sie sich fanden blieb,
bis die Sonne
ihn leergetrunken.
Stille.

Sind wir speziell,
weil wir das Wahre lieben?
Gehen unseren Weg dennoch,
ohne Unterlass.
Angst längst
beim Gehen verloren
und jedes Wort
ein Feuerwerk?

Als nichts mehr wahr
in der Spur,
vieles nur noch daneben,
als Gedanken sich erhoben
über das,
was sie Chaos nannten,
blieben sie am Ort
des Geschehens,
drehten sich nie einfach weg.
Erlebten im Gefühl
eine Reise,
schwebten über Grün,
doch dachten nicht einmal
nur, barfuß zu gehen.

Das Warum,
war schwer zu erforschen,
doch es tat gut,
das es gelang.
Auch wenn niemand
verstehen mochte,
was und warum
sie sich bewegten,
ihr Weg ist nun frei.
Machtgefühle längst entsorgt,
vergraben im Neu,
das auf sie wartet.
Er genügte sich wohl kaum,
war sich zu wenig, irgendwie?
Doch er verstand
und fühlte,

dass er es ändern kann
durch Selbstliebe.

Es stand irgendwo
einmal geschrieben,
"Wer weiß schon,
wie wir richtig lieben?"
Manch einer brauchte
ein Zuhause,
doch trat es mit
seinen Füßen.
Ein anderer suchte Liebe,
doch fand nur jemanden,
der spielte.
Wer erkennt sich in der
Welt,
die uns den Spiegel
nie vorenthält?

Wo steht
das blaue Tintenfass,
das die Feder wahr
schreiben lässt?

Es gibt die Zeit,
wir heilen unsere Wunden,
deren Namen kennen wir·
Das Blut
in unseren Seelentaschen
damit schreiben wir,
"Wir werden vergeben,
neu aufstehen und mutig
weiter vorwärtsgehen·"

Du bist der Mensch in
meinem Leben,
der mich ruhig treiben lässt,
der mich hält, auch behütet
und der mich auch,
hochfliegen lässt.
Deine Schwingung erreicht
mich täglich,
deine Hände suchen mich nie.
Meine Liebe früher kläglich,
doch in deinem Herzen
fand ich sie.
Du weißt so viel
von dieser Welt,

ich weiß es auch,
ich frage dich.
Mein Gefühl ein Pionier
erzählt so oft
vom Leben dir.
Du bist groß,
doch zeigst es kaum,
bist ein Mensch,
der Gutes spricht.
Denke ich an etwas Schönes,
denke ich auch oft an dich.
Deine Freude,
ist unsere Freude.
Meine Freude, tut es gleich
und schaue ich

auf uns beide, weiß ich,
wir sind doch reich.

Einer liebt

immer etwas mehr.

Sie glaubt,

bei ihnen ist das er.

Doch ihre Liebe,

keine Eintagsfliege,

manchmal

braucht ihr Herz,

etwas mehr.

Sie lernte mit ihm,

schon vieles zu verstehen,

hat sich bewegt

und entfaltet beim Gehen.

Er zeigt ihr ihre Bilder,

hält sie für sie wach,

er fühlt sich
bei ihr richtig,
weil er sie sehen mag.
Sie berührt seine Seele,
auch sein Herz,
dies tut sie schon sehr lang,
ihre guten Gedanken
wandeln sie
in schöne Gefühle,
sie sind sich immer sehr nah.

Sie haben
einen Kompass im Herzen,
er zeigt die Richtung
ihnen an.
Jedes Mal zeigt er Süden,
jedes Mal, einen Neuanfang.
Finden sich,
lassen sich fliegen,
gehen ihren eigenen Weg.
Leben zusammen in Frieden,
fühlen Liebe,
denn nur ihr gehört der Sieg.

Das Rad der Zeit
lässt allerlei sehen,
Vergangenes verstrichen
im Zukunftsuhrenwerk.
Welche Träume
dürfen fliegen,
weil sie erfüllt, oder
weil sie noch hängen,
am Zeiger der Zeit?
Werden neue Gedanken
geboren,
dort im Zukunftsblick?
Werden Menschen
sich auch finden,
welche verstehen,

nicht die Zeit hat Schuld?
Freude und Liebe
schenken Lachen.
Das Rad der Zeit es läuft,
egal
was der Mensch auch lenkt.

Es waren
die harten Jungs
an der Theke,
in einer Bar,
der Stadt am Rhein,
sie sprachen von einem,
den sie einmal kannten,
und fragten sich,
wo wird er heute sein?
Seine Grenzen
waren einst weit gesteckt.
Er hörte nie zu,
erzählte nie viel.
Achtete viel zu wenig
auf sich,

auf andere dafür umso mehr.
Suchte
in seiner Schwäche Halt,
doch die wahre Liebe nie,
dafür kannte er
viele Frauen der Stadt
und
kam immer wieder zu ihr.
Seine Grenzen
einst verschwommen,
markierte Häuserwände bunt.
Keine Blume
war vor ihm sicher,
so stolzierte er
durch das Land.

Niemand
war wirklich
sein echter Freund,
er selbst, war daran schuld.
Und in der Bar an der Theke
erhoben sie ihre Gläser
noch einmal auf ihn.
Die Tür im Blick
der harten Jungs,
sie sprang auf, fiel ins Schloss
und drinnen stand
im blauen Dunst,
ein Mann,
sie schauten zu ihm auf.
Verwirrte Erinnerungen
in ihren Blicken,

in seinen, liest man Liebe·
Der Mann an seiner Seite,
ist sein Mann
und er wird auch bleiben·

In der Stille
nahmen sie sich anders wahr.
Erkannten ihre Narben,
trugen Honig darauf
und lebten ihr Leben.

Im Spiegel,
wirklich etwas gesehen?
Ihr Gesicht zu gepudert,
das Zwanzigste Mal.
Ihre Augen voll geschminkt,
rote Lippen sprechen laut,
doch ihr Haar
ist schön gestylt.
"Was ist echt?",
fragte er sich?
Seele erzählt
durch Augenlicht.

Hatte sie sich
noch nie verloren?
Doch, sie glaubt schon.
Kehrte jedoch
zurück in ihr Gefühl,
das etwas anders danach war.

Diagnose: Schönes Leben.-
Therapie: Selbstliebe,
Selbstachtung.

Missverständnisse.
Eine Regel für zwei ist zu
wenig oder zu viel?
Wenn ein Wille nur spricht,
ohne Gefühl,
der andere aber liebt,
was soll bleiben von alledem,
was sie einst
verbunden gefühlt?

Im blauen Meer
schwimmt
manch buntes Bekenntnis,
das gestern noch
auf Asphalt gemalt.
Regentropfen spülten es fort,
so manche Träne
erzählte davon.
Und wenn in der Atmosphäre
eine Wolke sich zeigt in bunt,
der Wind sie berührt
in ihrem Kleid,
dann sieht man wieder,
neues schenkt das Leben.

Unter dem Kirschbaum
saß sie oft,
glaubte Freiheit war das,
was sie nur sah·
Sie schaute auf
ferne
Fensterscheiben,
die das Sonnenlicht
tausendfach brachen·
Ihre Augen wanderten,
als wollte sie einfach nur
in Richtung Süden·
Ihre Seele ahnte wohl schon,
dort ist einer,
er würde sie lieben,

weil sie ihm hilft,

seine dunkle Macht

zu besiegen.

Das hatte sie später gelernt.

Wenn wir uns kennenlernen,
werden wir begeistert sein·
Wir führen Liebe im Gepäck·

Die Schattenwelt,

ist sie auch klein,

so ist sie doch da.

Doch die Zeit

die man investiert,

um zu heilen,

vergrößert

den Lohn jedes Mal.

Sie sein Ass
im Kartendeck,
das er beim Spiel versteckte?
Die Königin saß neben ihm,
der König jedoch, erschreckte.

Abgegeben
so manches Gefühl,
zuvor jedoch
in Seide gehüllt.
Selbst vertraut,
es würde fliegen,
von hier nach dort
und niemals lügen.

Über den Tellerrand
geschaut, weil Glück
bei anderen gerochen?
Sich trauen, was bei anderen
so einfach scheint.
Sind wir es selbst,
wenn wir uns mutig zeigen?
Bewegen wir uns
auch im Übermaß,
sagen wir,
was wir zu sagen haben.

Leise überquerte
sie seine Straße,
die dunkel und doch
hatte sie wahrgenommen·
Schritt um Schritt,
barfuß streckenweise,
kehrte sie nie mehr
dorthin zurück·

Sie ließen ihre Gefühle
füreinander sterben,
schauten ihnen dabei zu.
Haben sich selbst
dadurch gefunden,
nie wieder aufgegeben,
lernten voneinander,
doch größer zu werden.
Das Wahre,
ist das Leben wert.

Immer wieder
dieser Zaubermond.
Sie sah nur ein helles Licht,
eines, das am Tag
immer zu verlor.
Bis ihre Seele berührt
und ihr Herz
wirklich zu schlugen begann.

Einst schaute sie
in ihre Seele und sah ein
fremdes Land.
Berge, Täler,
Gefühle erzählten
schon davon.
Doch diese Gefühle wichen,
weil die Wahrheit
ins Rollen kam,
auch die fremden Gedanken
brachen zusammen
und so empfand sie sich
auf ihrem Weg,
den sie nun
stets weiter geht.

Es strahlt
wie Tausend Diamanten,
auch ohne Sonnenlicht.
Haben nun gefunden,
was ein anderer
niemals fühlt.
Liebe in ihrem Leben,
sie fühlen sich so reich.

Jeder
von ihnen wünschte so sehr
und ihre Hoffnungen
waren so groß.
Die Erfüllung brauchte
nur etwas Zeit,
deshalb
manchmal sich
ein Zweifel regte.
Sie kämpften
mutig dagegen an,
verloren sich,
jedoch verbuchten
auch einen Gewinn.

Und glaubten sie an sich,

an ihre eigenen Träume,

schwelgten sie,

jeder für sich, auf dem Weg,

den sie ersehnten,

bis sie fühlten,

es ist doch etwas geblieben,

das der Mensch Liebe nennt.

Sie, versteckt sich
nie wieder.
Geht auf Straßen
und selbst wenn der Tag
schlafen geht,
übersieht man sie nie.
Grau, einst wohl einer
ihrer schönsten Farben,
wandelte sich keineswegs
einfach nur so,
das satte Grün
steht ihr sehr gut,
so wie das Rot in jedem Ton.
Manche Farben
enthüllen Gefühle,

andere verstecken sie.
Sie, versteckt sich
nie wieder,
nie wieder versteckt
sie ihr Gefühl.

Nein, wegrennen,
wohin denn auch?
Ganz gleich
in welche Richtung,
sie würden aufgehalten·
Aufgehalten
durch sich Selbst·
Ja, hinschauen,
das ist richtig·
Ganz gleich,
was sie auch sehen,
sie werden fühlen
und erkennen,
welcher Weg,
der Richtige ist·

Am liebsten
hätte sie ihn angeschrien.
Schlimme Worte
für ihn gefunden,
damit er endlich
richtig weint.
Sicher hätte er
nie wieder nach ihr geschaut,
doch er fühlte
ihre tiefe Liebe und wünschte
sich dieses Gefühl auch.
Heute mag sie in Liebe leben,
fühlt sich nie mehr zu ihm.
Sie trugen ein Gefühl
aus längst vergangener Zeit,

das nur noch
Erinnerung heißt.

Von Marion Jana Goeritz ebenfalls beim Verlag BoD erschienen (BoD Books on Demand, Norderstedt, nähere Informationen finden Sie unter www.BoD.de)

„Liebe für die Seele Band 1"
ISBN 978-3-7357-4045-8

„Liebe für die Seele Band 2"
ISBN 978-3-7357-7734-8

„Seelenweiß"
ISBN 978-3-7347-5769-3

„Seelen essen Liebe gern"
ISBN 978-3-7347-8706-5

„SeelenEngel"
ein spiritueller Erfahrungsbericht
ISBN 978-3-7386-2588-2

„SeelenSchlüssel"
ISBH 978-3-7386-3844-8

„Seelenfarben"
ISBN 978-3-7386-3947-6

„Seelenschimmer"
ISBN 978-3-7386-4014-4

„Seelenfinden"
ISBN 978-3-7386-4037-3

„Ein Gefühl meiner Seele"
ISBN 978-3-7386-1506-7

„Seelenfrieden" Danken, Bitten, Entspannung ein persönlicher Erfahrungsbericht
ISBN: 978-3-7386-4884-3

„Seelenweihnacht"
ISBN: 978-3-7386-5616-9

„Im Land unter dem Regenbogen" Wunderbare Märchen und unglaubliche Geschichten
ISBN: 978-3-7392-0115-3

„Freddy und seine Geschichten"
ISBN: 978-3-7386-3321-4

„SeelenWorte"
ISBN: 978-3-7392-0455-0

„Herzanker"
ISBN: 978-3-7392-3482-3

„Im Fluss der Liebe"
ISBN: 978-3-7392-3489-2

„Seelenklänge"
ISBN: 978-3-7392-3532-5

„Liebeslied"
ISBN: 978-3-7392-3548-6

„Wahre Traumtänzerin"
ISBN: 978-3-7392-3556-1

„Emilia Sommerfeld"
ISBN: 978-3-7392-3787-9

„Für mich war es Liebe"
ISBN: 978-3-8423-5362-6

„Kaleidoskop"
ISBN: 978-3-8423-5738-9

„Die verzauberte Wiese"
ISBN: 978-3-7412-0772-3

„Seelenbrücke"
ISBN: 978-3-7412-0890-4

„Wetterleuchten"
ISBN: 978-3-7412-2740-0

„Zentrifuge"
ISBN: 978-3-7412-4011-9

„Für Dich"
ISBN: 978-3-7412-4018-8

„Hannos Geschichten"
ISBN: 978-3-7412-9373-3

„Das Eulenherz"
ISBN: 978-3-7431-0009-1

„Eine Reise irgendwo hin"
ISBN: 978-3-7421-0042-8

„Ist das wirklich wahr?"
ISBN: 978-3-7431-1549-1

„Stille Momente"
ISBN: 978-3-7431-1586-6

„Engelszwirn"
ISBN: 978-3-7431-1594-1

„Anders"
ISBN: 978-3-7448-3582-4

„Wenn es spricht"
ISBN: 978-3-7448-3583-1

„Jonas und die Himmelsleiter"
ISBN: 978-3-7448-5452-8

„Farbenregen"
ISBN: 978-3-7448-5453-5

„Wellenfarbe"
ISBN: 978-3-7448-7311-6

Blanchefleur
ISBN: 978-3-7448-7415-1

„Winterzauber"
ISBN: 978-3-7448-9885-0

„Seele was denkst du dir?"
ISBN: 978-3-7448-9937-6

"Der Südwind
 der aus dem Norden kam"
ISBN: 978-3-7448-8206-4

"Erinnerungsblick"
ISBN: 978-3-7460-1281-0

„Mosaik" Gefühle und Gedanken
Gedichte
ISBN:978-3-7460-1320-6

„Begegnung"
ISBN: 978-3-7460-9595-0

„Sternenozean"
ISBN:978-3-7460-9685-8

„Himmelsstern"
ISBN: 978-3-7528-5012-3

„Mut verspricht Lebendigkeit"
ISBN: 978-3-7528-5071-0

„Liebeswort-Gedichte"
ISBN: 978-3-7528-6639-1

„Wenn Schiffe wandern"
ISBN: 978-3-7528-6655-1

„Bunte Federstriche" Gedichte
ISBN: 978-3-7481-0960-0

„Himmelblau und Sonnenreich"
Tierseelengeschichten
ISBN: 978-3-7481-3289-9

„Durchreisen"
ISBN: 978-3-7386-5903-0

„Grüne Traummusik"
ISBN: 978-3-7392-4925-4

„Bewegung"
ISBN: 978-3-7481-4013-9

„Wolken am Himmelsrand"
ISBN: 978-3-7494-8219-1

„Schrittweise"
ISBN 978-3-7448-0116-4

„Das grüne Kleid im Labyrinth"
ISBN: 978-3-7504-0490-8

„Zweiundzwanzig Wegboten"
ISBN: 978-3-7504-0676-6

„Lamberts schönster Wunsch"
ISBN: *978-3-7504-5232-9*

„Die wunderbare Josepha"
ISBN: 978-3-7504-5232-9

„Schmetterlingszeit: ein Geschenk ist erkannt"
ISBN: 978-3-7519-3282-0

Weitere Informationen zu allen meinen Büchern oder zu Neuerscheinungen finden Sie immer auf meiner Seite

www.buchkaleidoskop.Reikipraxis-Goeritz.de

67

.